Bibliothèque communale

DE LA

VILLE DE GUELMA

Catalogue

PAR ORDRE ALPHABÉTIQUE DES NOMS D'AUTEURS

DES OUVRAGES

EXISTANT DANS LADITE BIBLIOTHÈQUE

PARIS

IMPRIMERIE KAHN, 64, RUE TURBIGO

1878

Bibliothèque communale

DE LA

VILLE DE GUELMA

Catalogue

PAR ORDRE ALPHABÉTIQUE DES NOMS D'AUTEURS

DES OUVRAGES

EXISTANT DANS LADITE BIBLIOTHÈQUE

PARIS

IMPRIMERIE KAHN, 64, RUE TURBIGO

1878

I PRIMERIE KAHN, 64, RUE TURBIGO

Catalogue

PAR ORDRE ALPHABÉTIQUE DES NOMS D'AUTEURS

DES OUVRAGES

EXISTANT DANS LA BIBLIOTHÈQUE

NOMS DES AUTEURS	TITRES DES OUVRAGES	Nombre de Volumes
Abou Abdallah Md....	Histoire des Bénizeyan, rois de Tlemcen.......	
About................	Causeries	2
—	La Grèce contemporaine...................	
—	Maître Pierre............................	1
—	Les Mariages de Paris....................	1
—	Les Mariages de Province................	1
—	Le Roi des Montagnes	1
—	Trente et Quarante.......................	1
—	Le Progrès...............................	1
—	La Question Romaine......................	1
d'Abrantès (duchesse).	Souvenirs d'une ambassade en Espagne et Portugal	2
Achard (Amédée)......	Les Fourches caudines....................	1
—	Le Journal d'une Héritière................	1
—	Les femmes honnêtes.......	1
Addison..............	Cato tragedy (Théâtre anglais.).............	1
Agnel...............	La Charte des Propriétaires et Locataires......	1
Allemand (l'abbé).....	Choix de Lettres de Mme de Sévigné..........	1
Alvarès et Manuel....	La France ; Livre de lecture courante........	4
Anderson	Contes...................................	1
Auteurs Comiques.....	Chefs-d'œuvre des auteurs comiques..........	8
Anquetil.	Histoire de France, depuis les temps reculés jusqu'en 1789............................	3
Arbousse (Bastide)....	Le Christianisme et l'esprit moderne..........	1
Aristophane.........	Comédies, traduction de Qoyard.............	1
Arioste	Roland furieux	1
Argenson	Mémoires...............................	1
Arnaud..............	Fables.................................	1
Au Capitaine.........	Les Kabyles et la Colonisation..............	1
Auger (St-Hippolyte)..	Jean VI ou la forteresse de Schusburg..........	3
Augier (Émile).......	Poésies complètes........................	1
Augustin (saint)......	Les confessions	1
Aunet (Mme Léonide)...	Voyage d'une Femme au Spitzberg..........	1
Avancin	Méditations sur la Vie et la Doctrine de J.-C...	2

NOMS DES AUTEURS	TITRES DES OUVRAGES	Nombre de Volumes
D'AVEZAC..............	Afrique, esquisse générale de l'Afrique........	1
—	Iles de l'Afrique.............................	1
BABIÉ et BEAUMONT....	Galerie militaire ou Notice historique..........	7
BACHAUMONT...........	Extrait des Mémoires avec ceux de Mme de Hausset	1
BADIN (Adolphe).......	Jean-Bart....................................	1
—	Duguay-Trouin...............................	1
—	Grottes et Cavernes	1
BAILLE J..............	L'électricité................................	1
BAILLON	Histoire des Plantes.........................	7
BAKER (Samuel).......	Le lac Albert................................	1
BALDRVIN.............	Du Natal au Zambèse.........................	1
BALTET (Charles)......	L'art de greffer les Arbres	1
BALZAC...............	Les Chouans de la Bretagne en 1799	2
BANIM................	Le Chasseur de Spectres et sa famille.........	2
BARANTE (de)..........	Histoire des Ducs de Bourgogne...............	12
BARBARA	Mes Petites Maisons..........................	1
BARBEY D'AURÉVILLY...	L'ensorcelée................................	1
BARROT...............	Le bon fermier..............................	1
BARROT	Conseils aux ouvriers........................	1
—	La Patrie, description et histoire de la France..	1
BARTHÉLEMY	Voyage du jeune Anacharsis...................	3
BARTHÉLEMY (J.-Bap.)..	Nouveau manuel complet de Numismatique ancienne, avec Atlas de 12 planches...........	1
—	d° d°	
	Id du moyen âge, avec Atlas de 12 planches.	1
BARTHÉLEMY (Adolphe).	Mme Archambaut et Roger....................	4
—	Atelwold et Clara ou la Montagne de fer.......	4
—	La Tour du Louvre ou le Héros du Louvre......	4
BARTHET.............	Théâtre complet.............................	1
BAUDRILLART.........	Le Salariat et l'Association	1
BAUDRY et JOURDIER....	Catéchisme d'Agriculture....................	1
BAJOUD..............	Fidelia ou le Voile noir.....................	2
BEAUGRAND (Dr).......	La Médecine domestique et la Pharmacie usuelle	1
BEAUHARNAIS (Fanny de)	La Marmotte philosophe	3
BEAUMARCHAIS.........	Théâtre et mémoires avec Notice de Ste-Beuve..	2
BEAUMONT (Mme la p. de)	Le magasin des Jeunes Dames................	3

NOMS DES AUTEURS	TITRES DES OUVRAGES	Nombre de Volumes
BEAUVOIR (Roger de)...	La Lescombat	1
BELÈZE............,....	Dictionnaire de la Vie pratique à la ville et à la campagne	1
—	Le livre des Ménages	1
BELGIOJOSO (princesse de)	Asie Mineure et Syrie	1
BELLOY (de)...........	Œuvres choisies.........................	1
BENOIST (Honoré).....	Les grands Phénomènes	1
BERNARD (Frédéric)....	Les Evasions célèbres	1
BERNARDIN-DE-St-PIERRE	Œuvres choisies	1
—	L'Arcadie..............................	1
—	Paul et Virginie	1
BERNEAUD (Ars.-Th. de).	Voyage à l'Ile d'Elbe	1
BERTHET (Elie)........	Une Maison de Paris	1
—	Le Roi des Ménétriers..................	1
BERRUYER (de la Cie de J.)	Histoire du Peuple de Dieu...............	5
BERTHOUD (Henri)......	La Botanique au village.................	1
BERTRAND (Alexandre)..	Lettres sur la Révolution du Globe...........	1
BERTRAND (J.).........	Les Fondateurs de l'Astronomie moderne.......	1
BEUIL (de), prieur de St-Val	Imitation de Jésus Christ, traduction nouvelle..	1
BEYNET (Léon)........	Le Roman d'un Défricheur................	1
BEZOUT...............	Eléments d'Arithmétique..................	1
—	Cours de Mathématiques.................	3
BIDAULT..............	L'Horticulture dans les écoles primaires........	1
BLANC (Louis)........	Histoire de dix ans......................	5
BLANCHEMAIN.........	La Culture en billons....................	1
BLANCHÈRE (de la)....	Les Ravageurs des Vignes et des Jardins.......	1
—	La Pêche aux bains de mer...............	1
BLAZEDE (abbé).......	Manuel de Minéralogie...................	1
BOCQUILLON...........	La Vie des Plantes......................	1
BODIN...............	Le Roman de l'Avenir...................	1
BOILEAU.............	Œuvres complètes......................	2
BOINVILLIERS.........	Gradus ad Parnassum	1
BOISSIEU............	Lettres d'un passant....................	1
BOMBONNEL...........	Le Tueur de Panthères	1
BONNAIRE............	Maître Pierre, entretien sur le système métrique	1
BONNECHOSE (de)......	Bertrand du Guesclin...................	1
—	Lazare Hoche	1
BONZOM..............	Traité de Zootechnie. Gros Bétail............	1
BORBSTŒDT..........	Campagne de Prusse en 1866.............	1
BOSSUET.............	Œuvres choisies.......................	1

NOMS DES AUTEURS	TITRES DES OUVRAGES	Mombre de Volumes
BOSSUET	Morceaux choisis	1
—	Recueil des Oraisons funèbres	1
BOUCHARDAT	Chimie élémentaire	1
—	Rapport sur les Progrès de l'hygiène	1
BONHOURS (le père)	Recueil de vers choisis	1
BOUCHESEICHE	Description abrégée de la France	1
BOUILLET	Dictionnaire universel, d'Histoire et Géographie	1
—	id. des Sciences, Lettres et Arts	1
BOUTET DE MOUVEL	Leçons elémentaires d'Arithmétique	1
BOYÈRES	Encyclopédie générale des Deux-Mondes	1
BRADI (comtesse de)	L'héritière Corse	2
BRADDON (Miss)	Aurora Floyd	2
—	Le locataire de sir Gaspard	2
BRÉHAT	Scènes de la vie contemporaine	1
BREWER	La Clef de la Science ou les Phénomènes de tous les jours	1
BRUNO (Francinet)	Principes généraux de la Morale, de l'Industrie du commerce	1
BUCHON	Recherches historiques sur la principauté française de Morée	2
—	Atlas	1
BUFFON	Œuvres	7
BULWER	Les derniers Jours de Pompéi	1
—	Mémoires de Pisistrate-Caxton	2
—	Mon Roman	2
—	Qu'en fera t-il?	2
BURGOYNE (général)	The Hainss. Théâtre anglais	1
BURNOUF (Emile)	Le Chagarad Gita ou le Chant du Bienheureux	1
BUSSY (Ch. de)	Dictionnaire universel, d'Histoire et de Géographie	1
—	Id. des Sciences, des Lettres et des Arts	1
BYRON	Œuvres	6

NOMS DES AUTEURS	TITRES DES OUVRAGES	Nombre de Volumes
CAILLARD (Mme Paul)...	Entretiens familiers d'une Institutrice avec ses Elèves....................................	1
CALEMARD LAFAYETTE (de)	L'Agriculture progressive à la portée de tout le monde..................................	1
—	Petit Pierre ou le bon Cultivateur.............	1
—	La prime d'honneur.........................	1
CAMP................	Histoire de la découverte de l'Amérique........	1
—	Voyage en Sicile et à Malte..................	1
CARRAUD (Mme Z.).....	La petite Jeanne ou le Devoir...............	1
—	Une servante d'autrefois....................	1
CANTAGREL............	Le Fou du Palais Royal.....................	1
CANTWEL.............	Isabella et Henri..........................	4
CAPENDU.............	Le Pré Catalan............................	1
CARETTE (avec Rozet)..	Algérie, Univers pittoresque.................	1
CARREL (Armand)......	Notice sur Courier et ses œuvres.............	1
CASES (LAS-).........	Souvenirs de l'empereur Napoléon 1er.........	1
—	Esprit du Mémorial de Sainte-Hélène.........	2
CAVOLEAU............	Baron écossais, ou Triomphe de l'Amour et de la Vertu sur l'Orgueil et l'Hypocrisie.......	2
CAZIN (Achille)........	La Chaleur...............................	1
—	Les forces physiques.......................	1
CERTEUX.............	Guide du Planteur d'Eucalyptus.............	1
CERVANTÈS DE SAAVEDRA.	Histoire de don Quichotte de la Manche........	2
—	Persilès et Sigismond.......................	6
CÉSAR...............	Commentaires sur la guerre des Gaules, guerre civile..................................	1
CHAIGNEAU...........	Souvenirs de Hué (Cochinchine)..............	1
CHAMPFLEURY.........	Les Excentriques...........................	1
—	Les premiers Beaux Jours...................	1
—	Le Réalisme...............................	1
—	Les souffrances du professeur Detheil.........	1
—	L'amoureux de Sainte-Périne................	1
—	Les aventures de Mlle Mariette..............	1
—	La Comédie académique,....................	1
—	M. de Bois d'Hyver........................	1
—	Les sensations de Josquin...................	1
—	Souvenirs des Funambules..................	1
—	La Succession Le Camus....................	1
CHAMPOLLION-FIGEAC...	Egypte ancienne...........................	1
CHARTON..............	Histoire de Trois Pauvres Enfants............	1

NOMS DES AUTEURS	TITRES DES OUVRAGES	Nombre de Volumes
CHARTON	Le Tour du Monde	21
CHATEAUBRIAND	Œuvres complètes	12
CHAUSSIER (l'abbé)	Le Plain Chant, rite romain	1
CHEMINAIS (le père)	Sermons	1
CHERBONNEAU	Dictionnaire Français-Arabe	1
CHEVALIER (Arthur)	L'art de conserver la Vue	1
CICÉRON	Œuvres	8
CLARETIE (Jules)	Camille Desmoulins et Lucile D	1
CHAVEAU (Anatole)	Nouvelles contemporaines	1
CLAIRON (Mlle)	Mémoires	1
COLLARDOT (Dr) et VINCENT	Le Choléra, d'après les épidémies de 1835 à 1865	1
COLLÉ	Journal et Mémoires	3
COLLIGNON (Edouard)	Les Machines	1
COLLINS	L'Abîme	1
CONDORCET	Tableau historique du Progrès de l'Esprit humain	2
CONNY (Félix de)	Histoire de la Révolution de France	11
CONSIDÉRANT	Destinée sociale	1
CONSCIENCE (Henri)	Le Conscrit	1
—	Le Démon de l'Argent	1
—	Le Fléau du Village	1
—	La Guerre des Paysans	1
—	La Mère Job	1
—	L'Orpheline	1
—	Scènes de la Vie Flamande	2
—	Les Veillées Flamandes	1
CONSTANTINE	La Bibliothéconomie	1
COOPER (F)	Les Pionniers ou les Sources de la Susquehama	1
—	Le Corsaire rouge	2
—	Excursion d'une Famille américaine en Suisse	3
—	Légende des Treize républiques	4
—	La Prairie	4
CORNE	Le cardinal Mazarin	1
—	Le cardinal de Richelieu	1
CORNEILLE	Chefs-d'œuvre dramatiques	3
CORNELIUS NEPOS	de Vita excellentium imperatorum	1
—	Opéra quæ supersunt	1
COSNAC (Comte de)	Souvenirs du règne de Louis XIV	3
COULIN (Franck)	Le Fils de l'Homme	1
COULY (Justin)	Les Prix de vertus fondés par M. de Montyon	2
COURIER (Paul-Louis)	Œuvres, avec notice d'Armand Carrel	1

NOMS DES AUTEURS	TITRES DES OUVRAGES	Nombre de Volumes
CRÉQUY (Marquise de)..	Souvenirs de 1710 à 1803...................	5
COURVAL (Mᵐᵉ de)......	Bathilde ou le Revenant.................	4
CROMWELL . Olivier)....	Mémoires........................	3
CUISIN..............	Le n° 113 ou les Catastrophes du Jeu.........	1
CUMMING (miss)........	L'allumeur de Réverbères.................	1
CURRER (Bell).........	Le Professeur......................	1
—	Shiley et Agnès Grey....................	2
—	Jane Eyre........................	2
DANIEL (monseigneur)..	Abrégé chronologique d'Histoire naturelle......	1
DANTE (Alichieri)......	La Divine Comédie.....................	1
DASH (comtesse).......	Mᵐᵉ la princesse de Conti.................	2
DAUMAS (général)......	La Vie Arabe et la Société Musulmane........	1
DAUMAS (général).....	Le Grand Désert.....................	1
DAUDET (Alphonse).....	Fromont Jeune et Risler aîné...............	1
DAUMIER (Jean-Baptiste)	Les Veillées poétiques...................	1
DE BON (Élisabeth).....	Le Voyageur moderne...................	10
DEHARME (E.).........	Les Merveilles de la Locomotion.............	1
DUHERAIN et TISSANDIER.	Notions préliminaires de chimie.............	1
DUHERRYPON (Marcel)..	La Boutique de la marchande de poissons......	1
—	Les Merveilles de la chimie...............	1
DELANOE.............	Procès du Maréchal Ney..................	1
DELAUNAY............	Rapport sur les progrès de l'Astronomie.......	1
DELESSART...........	Le Code du Droit Français expliqué..........	1
DELILLE (Jacques)......	L'essai sur l'homme de Pope, texte et traduction en vers.......................	1
DEMERSAY (Alfred).....	Histoire du Paraguay et des Établissements des Jésuites	1
DEMOGEOT	La Critique et les Critiques en France au XIXᵉ siècle........................	1
DÉMOSTHÈNE..........	Discours sur la Couronne................	1
DEMOUSTIER..........	Œuvres. Lettres à Émilie.................	4
DEPPING.............	Les Merveilles de la force et de l'adresse.......	1
DESBORDES-VALMORE ...	Contes et Scènes de famille...............	1
DESCIENT (Dʳ).........	Entretien sur l'Hygiène.................	1

NOMS DES AUTEURS	TITRES DES OUVRAGES	Nombre de Volumes
DESTUTT DE TRACY	Éléments d'idéologie 1re partie	1
DEVILLE (Louis)	Excursions dans l'Inde	1
DICKENS (Charles)	L'Ami Commun	2
—	Bleak-house	2
—	David Copperfield	2
—	La Petite Dorrit	2
—	Contes de Noël	1
—	Les Grandes Espérances	2
—	Le Magasin d'Antiquités	2
—	Olivier Twist	1
—	Paris et Londres en 1793	1
—	Les Temps difficiles	1
—	Vie et Aventures de Nicolas Nickleby	2
—	Vie et Aventures de Martin Chuzlewit	2
—	Dombey et fils	3
—	Barnabé Rudge	2
—	Aventures de Monsieur Pickwick	2
DIDIER (Charles)	Séjour chez le Grand Cherif de la Mecque	1
DIEULAFAIT (Louis)	Diamants et Pierres précieuses	1
DINOCOURT	L'homme des Ruines	4
—	Le Serf du XVe siècle	4
DOUGLAS (Jérold)	Sous les Rideaux	1
DROHOJOWSKA (Comtesse)	Les Vertus du Peuple	1
—	L'Algérie française	1
DROZ (Gustave)	Monsieur, Madame et Bébé	1
DUCANGE (Victor)	Léonide ou la Vieille Surène	5
DUCKETT	Dictionnaire de la Conversation et de la Lecture	16
DUCLOS	Mémoires Secrets sur le règne de Louis XIV, la Régence et le règne de Louis XV	1
DUCOUDRAY	Histoire de France	1
—	Histoire contemporaine depuis 1789	1
DUFFERIN (Lord)	Lettres écrites des Régions Polaires	1
DUMAS (Alex.) père	La Dame de Montsoreau	3
—	La reine Margot	2
—	Le Comte de Monte-Christo	6
—	La Vicomtesse de Cambes	2
—	Le Corricolo	2
—	Les Frères Corses	2
—	Michel-Ange et Raphaël	2
—	Impressions de voyage dans le Midi	2

NOMS DES AUTEURS	TITRES DES OUVRAGES	Nombre de Volumes
Dumas (Alex.) père.....	Impressions de voyage en Suisse.............	2
—	Impressions de voyage sur les Bords du Rhin...	2
—	Le Château d'Eptstein....................	2
—	Mme de Condé..........................	2
—	Un Pays inconnu.........................	1
—	Ascanio................................	2
Dumas (fils)..........	La Boîte d'Argent........................	1
—	Sophie Printemps........................	1
Dumesnil.............	Nouveau manuel complet de Peinture.........	1
Dumont-Durville.....	Voyage pittoresque autour du Monde.........	2
Duplessis (Georges)...	Merveilles de la Gravure...................	1
Duplessis (Paul)......	Aventures Mexicaines......................	1
Durand (Vve du général)	Mes Souvenirs sur Napoléon 1er et sa famille...	2
Dutripon.............	Cours complet et méthodique du Système décimal	1
—	Recueil de Problèmes......................	1
Duval (J.)...........	Notre Pays.............................	1
—	Réflexions sur la Politique de l'Empereur en Algérie...............................	1
Duvert..............	Théâtre choisi...........................	4
Echart (Laurent).....	Dictionnaire Géographique portatif...........	1
Elissagaray.........	Découvertes et Inventions..................	1
Erckmann-Chatrian...	Confidences d'un Joueur de clarinette........	1
—	Contes de la Montagne.....................	1
—	L'illustre docteur Matheus.................	1
—	Maître Daniel Rock.......................	1
—	Romans Nationaux........................	2
—	Contes et Romans populaires................	3
—	Histoire d'un Paysan......................	2
—	Une Campagne en Kabylie..................	1
—	Histoire d'un Sous-Maître..................	1
Ernouf baron)........	Deux Inventeurs célèbres..................	1
—	Histoire de Trois Ouvriers français...........	1
Eschelskroon.........	Description du Pégu et de l'Ile de Ceylan......	1
Eschyle.............	Tragédies................................	1

NOMS DES AUTEURS	TITRES DES OUVRAGES	Nombre de Volumes
ESQUIROS	L'Esprit des Anglais; morale universelle.......	1
ESSARTS (Alfred des)...	François de Médicis...............	1
EURIPIDE	Tragédies.............	2
EXPILLY (Charles)......	La Traite; l'Émigration et la Colonisation au Brésil................	1
FABRE (H.)....	Le Ciel................	1
—	La Terre................	1
FAIDHERBE...........	Collection complète des inscriptions numidiques.	1
FÉNELON.............	Œuvres choisies.............	4
—	De l'Éducation des Filles..............	1
FERAUD (L.-Ch.)......	Histoire des villes de la province de Constantine.	2
FERRAUD et LAMARQUE.	Histoire de la Révolution française...	6
FERRIÈRE (Al. de).....	La Comtesse de Tarascon..............	2
FERRY (Gabriel).......	Scènes de la vie militaire au Mexique..........	1
FEUILLIDE..	L'Algérie française.............	1
FÉVAL (Paul).........	Le Jeu de la Mort.............	2
FIGUIER (L.)...........	L'Année scientifique.............	17
—	La Terre avant le Déluge..............	1
—	L'Homme primitif..............	1
—	La Terre et les Mers..............	1
—	Le Savant du Foyer..............	1
—	Les Merveilles de la Science..............	4
—	Les Grandes Inventions..............	1
FIGUIER (Mme L.)......	Nouvelles Languedociennes..............	1
—	La Prédicante des Cévennes..............	1
FLAMMARION	Les Merveilles célestes..............	1
—	La Pluralité des Mondes habités..............	1
—	Récits de l'Infini..............	1
FLÉCHIER.............	Recueil d'Oraisons funèbres..............	1
FLEURY (Claude).......	Introduction au Droit français..............	2
FLOURENS	De l'Instinct et de l'Intelligence des Animaux...	1
FOË (Daniel de)........	Robinson Crusoé..............	1
FONTENELLE..........	Révision du Manuel de Minéralogie de Blondeau	1
—	Manuel complet du Boulanger..............	2
FOURRIER............	Théorie de l'Unité universelle et des IV Mouvements..............	5
—	La Fausse Industrie..............	2
—	Le Nouveau Monde industriel et sociétaire.....	1

NOMS DES AUTEURS	TITRES DES OUVRAGES	Nombre de Volumes
Fonvielle (W. de)	Eclairs et Tonnerre	1
—	Les Merveilles du Monde invisible	1
Forthomme	Traité élémentaire de physique	2
Fosseyeux	Catéchisme d'Agriculture	1
Fournier (Amédée)	Vérités et Paradoxes	1
Franklin (Benjamin)	Essai de Morale et d'Économie politique	1
—	Correspondance	2
—	Mémoires	1
Frédéric II	Œuvres	1
Frédol	Le Monde de la Mer	1
Frégier	Les Juifs algériens	1
Fromentin	Une Année dans le Sahel	1
—	Un Été dans le Sahara	1
Gaël	Le Livre des Enfants et des Adolescents	1
Galoppe-d'Onquaire	Le Diable Boiteux en province	1
Gannal (Félix)	Moyens de distinguer la mort réelle et la mort apparente	1
Garnier (Adolphe)	La Psychologie et la Phrénologie comparées	1
Garnier (Joseph)	Traité d'Économie politique, sociale et industrielle	1
Gatti (Mme de Gamond)	Fourrier et son système	1
Gaultier de Claubry	De l'identité du Typhus et de la Fièvre typhoïde	1
Gautier (Théophile)	Constantinople	1
Gayot	Achat du Cheval	1
Genlis (Mme de)	Alphonse ou le Fils naturel	2
—	Alphonsine ou la Tendresse maternelle	3
—	Les Battuccos	2
Genlis (Mme de)	Les Chevaliers du Cygne ou la Cour de Charlemagne	3
—	La duchesse de Lavallière	2
—	Mme de Maintenon	2
—	Mlle de Lafayette	2
—	Nouvelles	1
—	Palmyre et Flaminie	2
—	Théâtre d'éducation à l'usage des jeunes personnes	3
Gérard (Jules)	Le Tueur de Lions	1
Geffroy-Crayon	Le château de Bracabridje	4
Gestecker	Les deux Convicts	1

NOMS DES AUTEURS	TITRES DES OUVRAGES	Nombre de Volumes
Gesner	La mort d'Abel	1
Giquet	Histoire militaire de la France	2
Gilbert	Le Héros de la Mort	3
Girard (Jules)	Les Plantes étudiées au microscope	1
Girard (Maurice)	Les métamorphoses des Insectes	1
Girardin	Dictionnaire spécial de la Langue française	1
Girardin (Mme Emile de)	Nouvelles	1
Gay (Mme Delphine)	M. le Marquis de Fontanges	1
—	Poésies complètes	1
Giraud	Campagne de Paris en 1814	1
Gobineau (la Comtse de)	Trois ans en Asie	1
Goethe	Mémoires	1
—	Les Années d'apprentissages de Wilhelm Meister	1
—	Les Années de voyage de Wilhelm Meister	1
—	Théâtre	2
—	Hermann et Dorothée	1
Goldsmith (Olivier)	Le Vicaire de Wakelfield	1
Gozlan (Léon)	Le Notaire de Chantilly	1
—	Les Nuits du Père-Lachaise	1
—	Les Émotions de Polydore Marasquin	1
Graffigny (Mme de)	Lettres d'une Péruvienne	2
Grainville	Le Dernier homme	2
Gresset	Œuvres choisies	1
Grimm (frères)	Contes choisis	1
Guenard	Le Charpentier de Sardan	3
Gueulette	Contes Mogols	3
Guillemin (Amédée)	La Lune	1
—	Les Phénomènes de la Physique	1
—	Les Applications de la Physique	1
Guillemot (Ernest)	Léon Dervieux	1
Guizot	Histoire de la Civilisation en Europe	1
—	L'Amour dans le Mariage	1

NOMS DES AUTEURS	TITRES DES OUVRAGES	Nombre de Volumes
HAMEL (Il.-C.-F.)	Traité sur les Maladies des Plantes alimentaires	1
HAMEL (C^se Victor)	La Ligue d'Avila ou l'Espagne en 1520	2
HAUREAU	Charlemagne et sa Cour (742-814)	1
HAUSSET (Mme du)	Mémoires	1
HEINE	Poëmes et Légendes	1
HÉMENT (Félix)	Premières Notions de Météorologie	1
HÉNAULT (Président)	Abrégé chronologique de l'Histoire de France	1
HÉRODOTE	Récits tirés des Histoires	1
HERVÉ	Le Mémorial agricole de 1867 où l'Agriculture à Bellancourt	1
HILAIRE (E. Marco de S^t)	Anecdotes du temps de Napoléon 1er	1
HIRN (J.-A.)	Conséquences philosophiques et métaphysiques de la Thermodynamique	1
HOFFMANN	Martin le Tisserand ou le Pouvoir de l'or	1
HOLFORD (miss.)	Varbeck de Walfstein, ou le Danger du Fatalisme	4
HOMÈRE	Œuvres, Traduction de Giguet	1
—	Iliade, Texte Grec	1
HORACE	Œuvres, Traduction de Janin	1
—	Quintus Horatius Flaccus	1
HOSEMANN (J.-J.)	Histoire abrégée de Luther et de la Réformation	1
HUBER (J.)	Les Jésuites	2
HUC (N.)	Souvenirs d'un voyage dans la Tartarie et le Thibet en 1844	2
HUGHES	Ma Maison, histoire familière de mon Corps	1
HUGO (Victor)	Les Orientales, Feuilles d'Automne, Chant du Crépuscule	1
—	Poésies	1
—	Le Rhin	1
—	Théâtre complet	1
—	Notre-Dame de Paris	2
—	Odes et Ballades	1
—	Les Misérables	1
—	Histoire d'un Crime	1
—	Contemplations	1
HUGONNET (Ferdinand)	Souvenirs d'un Chef de bureau arabe	1
HUNT	Excursion dans la Haute Kabylie	1

NOMS DES AUTEURS	TITRES DES OUVRAGES	Nombre de Volumes
ISSARTIER	Le Trésor du Cultivateur	1
IZAMBART (Henri)	La Presse parisienne du 22 février 1848 à l'Empire	1
JACOB (P.-L.)	Curiosités de l'Histoire des Arts	1
—	Curiosités de l'Histoire des Croyances populaires au moyen-âge	1
—	Curiosités de l'Histoire de France	2
—	Curiosités de l'Histoire du Vieux Paris	1
JACQUES (Ch.)	Le Poulailler	1
JACQUEMART	Les Merveilles de la Céramique	3
JANIN (Jules)	Variétés littéraires	1
JAQUOT	Notice historique sur Brienne	1
JEANNEL (Charles)	Petit-Jean	1
JEHAN (L. F.)	Tableau de la Création ou Dieu manifesté par ses œuvres	2
JEUDY-DUGOUR	Histoire d'Olivier Cromwell	1
JOIGNEAUX (M. O.)	Le Livre de la Ferme et Maison de campagne . . .	2
—	Conférences sur le Jardinage	1
—	Traité des Graines de la grande et petite culture	1
—	Les Choux	1
JOINVILLE	Histoire de saint-Louis	1
Joly et VÉRARDI et Ratzebourg	La Destruction des Animaux nuisibles	2
JOSÉ (Amador de Los Reis)	Etude sur les Juifs d'Espagne	1
JONVEAUT (Emile)	Histoire de quatre Ouvriers Anglais	1
JUSSIEU	Simples Notions de Physique et d'Histoire naturelle	1
JUSTINIANUS	Institutiones	2
JUVÉNAL	Satires, traduction en vers français de Perse . . .	1
—	id traduction de Despois	1
KARR (Alphonse)	Les Fleurs	1
—	Les Guêpes	6
—	Mélanges philosophiques 300 pages	1
—	Voyage autour de mon jardin	1
—	Promenades hors de mon jardin	1
—	Les Roses noires et les Roses bleues	1

NOMS DES AUTEURS	TITRES DES OUVRAGES	Nombre de Volumes
KAUFFMANN	Brillat le Menuisier	1
KÉRATRY	Frédéric Styndall ou la Nouvelle Année	4
LABÉDOLIÈRE (Emile)	Histoire du nouveau Paris	1
LA BOÉTIE	De la Servitude volontaire	1
LABONNEFON	Pierre Valdey ou le Bon Fils	1
LABOUCHERE	Oberkampf	1
LABOULAYE	Paris en Amérique	1
—	Nouveaux Contes bleus	1
—	Histoire des Etats-Unis	3
LA BRUYÈRE	Caractères suivis des Caractères de Théophraste	1
LACÉPÈDE	Œuvres	3
LACOMBE	Les Armes et les Armures	1
LACROIX (F.)	Manuel d'arpentage	1
LAFONTAINE	Fables	1
—	Nouvelles œuvres inédites	1
—	Les Amours de Psyché et Cupidon	1
LAFONTAINE (Auguste)	Marie Menzikoff ou la fiancée de Pierre II	2
LALANNE (Ludovic)	Curiosités Bibliographiques	1
—	Curiosités Biographiques	1
LAMARTINE (de)	Christophe Colomb	1
—	Guillaume Tell, Bernard de Palissy et Nelson	1
—	Histoire des Girondins	3
—	Jocelyn	1
—	Lectures pour Tous	1
—	Nouvelles Confidences	1
—	Premières Méditations poétiques	1
—	Nouvelles Méditations	1
—	Voyage en Orient	2
—	Le Tailleur de Pierre de Saint-Point	1
—	Le dernier Chant du Pélerinage de Child-Harold	1
LAMOTHE-LANGON	Souvenirs d'un Fantôme	3
—	Jean de Procida ou les Vêpres Siciliennes	1
LANDELLE (G. de la)	Contes d'un Marin	1
LANDRIN (Mme Armand)	Les Monstres marins	1
LANDRIN (A.)	Les Plages de la France	1
LANOYE (Fernande)	Les grandes Scènes de la Nature	1
—	L'Homme Sauvage	1

*

NOMS DES AUTEURS	TITRES DES OUVRAGES	Nombre de Volumes
LANOYE (Fernande)....	La Mer polaire, voyage de *l'Erèbe* et de la *Terreur* à la recherche de *Franklin*.......	1
—	Ramsès le Grand ou l'Égypte il y a 3300 ans...	1
—	Le Niger........	1
LAPRADE..............	En France et en Turquie....................	1
LAROCHEFOUCAULD (F.G.de)	Traduction des églogues de Virgile, en vers français, avec texte.............	1
LAROUSSE	Fleurs historiques........................	1
—	Grammaire littéraire......................	1
LATOUCHE (M. Ch. de)..	Souvenirs et Fantaisies.................	1
LAURENCIN (Paul)......	L'Étincelle électrique....................	1
LAURENT (de l'Ardèche).	Histoire de Napoléon 1er..................	1
LAVELEYE (Emile de)...	L'Instruction du Peuple....	1
LEBRUN (Henry).......	Voyages et Aventures du Capitaine Cook.......	1
—	Aventures et Conquêtes de Fernand Cortès.....	1
LECOQ (H.)............	Botanique populaire......................	1
LEFÉBURE.............	Résumé de l'Histoire de la Franche-Comté......	1
LEFÈVRE (A.).........	Les Merveilles de l'Architecture.............	1
—	Les Parcs et les Jardins....................	1
LE FOUR..............	Le Cheval, l'Ane et le Mulet.................	1
—	Sol et Engrais...........................	1
LE GRANDAIS.........	Physiologie des Employés des Ministères.......	1
LE MAITRE...........	Les Héros chéris de la Victoire.............	1
LÉONI (l'abbé)........	Le Jésuite.................	2
—	Le Moine................................	1
LE PILEUR...........	Le Corps humain........................	1
LESAGE	Histoire de Gil Blas de Santillane...........	1
—	Le Diable Boiteux.......................	2
LEVAILLANT	Abrégé de Voyages en Afrique..............	1
LEVÊQUE (Charles)....	Les Harmonies Providentielles	1
—	La Science du Beau......................	2
LIRONDITIROLES........	Les Poiriers les plus précieux.............	1
LITTRÉ..............	Dictionnaire de la Langue française..........	4
LOCKERT (Edouard)....	La Vapeur et ses Merveilles................	1
LOUDUN (Eugène)......	Les Victoires de l'Empire	1
LOUIS XIV............	Œuvres...............................	1
LUCAS (Hippolyte).....	Curiosités dramatiques et littéraires..........	1
LUCIEN..............	Œuvres complètes.......................	2
LUDWIG OTTO.........	Entre ciel et terre......................	1

NOMS DES AUTEURS	TITRES DES OUVRAGES	Nombre de Volumes
Mac Instosch	Contes américains	2
Macé (Jean)	La vie d'un Brin d'Herbe	1
—	Histoire d'une Bouchée de Pain	1
—	Les Serviteurs de l'Estomac	1
—	Le Génie de la Petite ville	1
—	L'anniversaire de Waterloo	1
Magny (Jules)	Histoire d'un Morceau de Verre	1
Malepeyre et Badouan	Manuel complet pour gouverner les Abeilles	2
Malte-Brun	Géographie universelle	8
Manault (Ernest)	L'intelligence des animaux	1
Mantenfel	L'art de Planter	1
Manuel (L.-P.) député	Les Réfugiés polonais	3
Manzoni (Alexandre)	Les fiancés; traduction française et texte italien	2
Marcel (J.)	L'Egypte depuis la conquête arabe	1
Marchand (J.)	Inscriptions funéraires recueillies à Constantine	1
Marzollé et Zurcher	Les Ascensions célèbres	1
—	Les Glaciers	1
—	Les Météores	1
—	Les Naufrages célèbres	1
—	Les tempêtes	1
—	Volcans et Tremblements de Terre	1
—	Les Phénomènes de la Mer	1
Marguerite (le Général)	Chasses de l'Algérie	1
Marivaux	Œuvres choisies	2
Marion (F.)	Les Ballons et les Voyages aériens	1
—	Les Merveilles de la Végétation	1
—	L'Afrique	1
Marmier	Lettres sur l'Algérie	1
Martin (Al.)	Julien l'Apostat. Poésies	1
Martin (l'abbé)	Histoire de la Vie et des écrits de Gussendi	1
Martin (Henri)	Histoire de France	19
Martin (Louis-Aug.)	La Morale chez les Chinois	1

NOMS DES AUTEURS	TITRES DES OUVRAGES	Nombre de Volumes
MARZY	L'Hydraulique	1
MASSILLON	Petit Carême	1
MAURIN (Albert)	Galerie historique de la Révolution française . . .	5
MAURY (Alfred)	Exposé des Progrès de l'Archéologie	1
MAYNE-REID	Aventures de Terre et de Mer	1
—	Les Exilés dans la forêt	1
—	Les Jeunes Esclaves	1
MEHEUTT (Pierre)	Les Profits en Agriculture	1
MEISSAS	Eléments de Cosmographie	1
MÉNARD (Ernest)	Romans historiques bretons	2
MERCIER (Ernest)	Histoire de l'établissement des Arabes dans l'Afrique septentrionale	1
MERCIER (N.)	Jean-Jacques-Rousseau considéré comme un des précurseurs de la Révolution française	1
MÉRIMÉE (Prosper)	Columba, suivi de la Mosaïque et autres contes et nouvelles	1
MERRUAU (Paul)	Voyages et Aventures de Christophe Colomb	1
MÉRY	Les Nuits Italiennes	1
MESNARD	Devoirs de la Jeunesse, ou Guide de l'enfant de la maison paternelle	1
MEUNIER (Mme Hippolyte)	Le Docteur au village ; entretiens familiers sur l'Hygiène	1
MEUNIER (Victor)	Les Grandes Chasses	1
—	Les Grandes hes	1
MÉZIÈRES	Les Charades et les Homonymes	1
MICHELET	L'insecte	1
—	La Mer	1
—	L'Oiseau	1
MIGEON	Atlas	1
MILLET (C.)	Les Merveilles des Fleurs et des Ruisseaux	1
MILLET-ROBINET (Mme) . .	Maison rustique des Dames	2
—	Basse-Cour : Pigeons et Lapins	1
MIRCHER	Mission de Ghadamès	1
MOLIÈRE	Œuvres	2
MONBORNE (Mme B.)	La veste de satin ou les trois règnes 1789–1798–1814	1
MONNIER (Henry)	Scènes populaires	2
MONTAIGNE	Essais	2
MONTEIL	Histoire de l'Industrie française	2
—	do. Agricole de la France	1

NOMS DES AUTEURS	TITRES DES OUVRAGES	Nombre de Volumes
MONTEIL...............	Histoire Financière de la France..............	1
MONTÉPIN (Xavier).....	Geniève Goillot..........	1
MONTESQUIEU..........	Œuvres complètes.......................	3
—	Considération sur la Grandeur et la Décadence des Romains........................	1
MONTROND (Maxime de).	Jeanne d'Arc.............................	1
MOORE (Edward).......	Fables..................................	1
MORGAN (Lady).......	Florence Macarthy........................	4
MORTONWAL...........	La dame de St-Bris.......................	4
MONTROT.............	Voyage dans les royaumes de Siam, Cambodje etc..................................	1
MOYNET..............	L'envers du Théâtre......................	1
MULLOIS (abbé)........	Histoire de la Guerre d'Italie..............	1
MURGER (H.)..........	Les Vacances de Camille..................	1
—	Le dernier Rendez-vous...................	1
—	Propos de ville et Propos de théâtre.......	1
—	Roman de toutes les Femmes..............	1
—	Scènes de Campagne.....................	1
MURRAY (Lindler)......	Inglisch Grammor........................	1
MUSSET (Alfred de).....	Comédies et Proverbes...................	2
MUTRECY (Ch. de)......	Journal de la Campagne de Chine 1859-1861...	2
NAPOLÉON III..........	Œuvres mélangées.......................	1
NAUDET et PINEL......	Lectures manuscrites sur les premiers Eléments d'Agriculture........................	1
NECKER..............	Dix années d'exil.......................	1
NEVEU-DÉROTRY.......	Veillées villageoises.....................	1
NEY et de VILLATTE....	Manuel du Volontaire d'un an.............	1
NICOLLET (G. F.)......	Le parfait adorateur du sacré Cœur de Jésus.	1
OLIVIER (Urbain)......	Récits de Chasse et d'Histoire naturelle........	1
ORLÉANS (duc d')......	Campagnes de l'armée d'Afrique.............	1

NOMS DES AUTEURS	TITRES DES OUVRAGES	Nombre de Volumes
OSTERVALD............	Traduction de la Bible......................	1
OURLIAC (Ed.).........	Nouveaux contes du Bocage.........	1
OVIDE...............	Métamorphoses, texte et traduction...........	1
PALGRAVE............	Une année dans l'Arabie centrale.............	1
PAPILLON (Fernand)....	Histoire d'un Rayon de Soleil................	1
PARAMELLE (abbé).....	L'art de Découvrir les Sources...............	1
PARCHAPPE	Galilée, sa vie, ses découvertes et ses travaux...	1
PARISET (Ernest).......	Histoire de la Soie....	2
PASCAL..............	Œuvres complètes	3
PASSY (Frédéric)......	Les Machines et leur influence sur le développe- ment de l'humanité.....................	1
PAUMIER.............	L'Afrique ouverte...........................	1
PAYEN............. ..	Précis de Chimie industrielle................	2
PELLARIN (A.).........	Les maladies des pommes de terre, Blés et Vignes	1
—	Charles Fourrier, sa vie et sa théorie.........	1
PELLICO (Silvio).......	Mes prisons	1
PELLISSIER et RAYNAUD.	Annales Algériennes........................	3
PÉRALDO (Don Alphonse)	Mémoires d'un Espagnol.....................	2
PERRON D'ARC........	Aventures d'un Voyageur en Australie........	1
PFEIFFER (Ida)........	Voyage d'une Femme autour du monde........	1
—	Mon second Voyage autour du monde........	1
—	Voyage à Madagascar.....................	1
PIERRE (Isidore)........	Notions de Chimie usuelle..................	1
—	Valeur nutritive des Fourrages	1
PIERRE le GRAND	Vie..	1
PROSPER PIETRA SANTA.	Chemins de fer, Santé publique, Hygiène des voyageurs et employés..................	1
Piis (de).............	Œuvres choisies...........................	3
PILAVOINE	Mes loisirs................................	1
PINET (Mme la C. de Drohojoskra	Les Vertus du Peuple glorifiées par l'Académie française...........................	1
PIZETTA	Le Monde avant le Déluge.................	1
—	Les Secrets de la Plage....................	1
—	L'Aquarium d'eau douce	1
PLATON.............	Dialogues socratiques......	2
PLAUTE..............	Comédies	2
PLAZANET (colonel)....	Manuel du Sapeur-Pompier	1
PLUTARQUE	Vie de Pompée, texte grec et traduction........	1

NOMS DES AUTEURS	TITRES DES OUVRAGES	Nombre de Volumes
PONSARD.............	L'Honneur et l'Argent.....................	1
PONTMARTIN(Armand de)	Contes d'un Planteur de choux...............	1
—	Or et clinquant.....................	1
POPE................	Essai sur l'Homme................	1
PORCHAT.............	Trois mois sous la Neige...................	1
POUJOULAT (Baptiste)...	Voyage à Constantinople.................	1
PROUDHON (J.)........	Théorie sur l'Impôt.....................	1
—	Les Démocrates assermentés et les Réfractaires	1
QUATREFAGES (A. de)...	Unité de l'Espèce humaine.................	1
—	Souvenirs d'un Naturaliste.................	2
QUICHERAT...........	Traité de Versification française.............	1
QUINTE-CURCE........	Histoire d'Alexandre le Grand.............	2
RABELAIS	Œuvres............................	1
RACINE..............	Œuvres............................	4
RADAU (Adolphe)......	L'Acoustique ou les Phénomènes du son.......	1
RAFFY..............	Lectures d'Histoire ancienne. Histoire d'Orient.	1
—	» » de la Grèce..	1
—	» » de Rome.....	1
—	» moderne.............	3
—	» contemporaine........	1
RAMBOSSON...........	La Science populaire.....................	1
—	Les Lois de la vie ou l'Art de Prolonger ses jours	1
—	Les Colonies françaises.................	1
—	Histoire des Astres.....................	1
—	Histoire et Légendes des Plantes.............	1
RAMÉE (Daniel)........	L'Architecture et la Construction pratique......	1
RAYMOND (Xavier).....	Les Marins de la France et de l'Angleterre. ...	1
RECLUS (Elisée).......	La Terre, les Continents, l'Océan etc........	2
—	Les Villes d'Hiver de la Méditerranée........	1
REGNARD	Œuvres; tome 4 et 5.................	2
REGNAULT	Cours élémentaire de Chimie.............	2
RENAN (E.)..........	Vie de Jésus.....................	1
RENARD (Léon).......	L'Art naval.....................	1
—	Les Phares.....................	1

NOMS DES AUTEURS	TITRES DES OUVRAGES	Nombre de Volumes
Renald (Armand).....	L'Héroïsme...............................	1
Renaud (Hippolyte)....	Solidarité ou Synthétique sur la Doctrine de Ch. Fournier..............................	1
Rendu (Victor).......	Culture des Plantes......................	1
—	Culture du sol............................	1
—	Maître Pierre, notions sur l'Agriculture........	1
Reybaud (Louis).......	Ce qu'on peut voir dans une rue.............	1
—	César Falemquin..........................	2
—	La Comtesse de Mauléon...................	1
—	Etude sur le Régime des manufactures ouvrières en Soie...............................	1
—	Jérôme Paturot à la recherche d'une position sociale.................................	1
—	Jérôme Paturot à la recherche de la meilleure des Républiques.........................	1
Reybaud (Mme Charles).	Mlle de Malepeyre........................	1
Reynald. (H.)..,......	Histoire de l'Angleterre depuis la Reine Anne...	1
Reynaud (Jean).......	Histoire élémentaire des Minéraux usuels......	1
—	Lectures variées...........................	1
—	Terre et Ciel.............................	1
Ricard (Auguste)......	Julien ou le Forçat libéré..................	4
Rich (Anthony).......	Dictionnaire des Antiquités romaines et grecques	1
Richardin............	Sentences de Morale et de Religion.....	1
Richebourg (Emile)....	Les Soirées amusantes......................	4
Richelieu	Œuvres..................................	1
Riencourt (comte de)..	Manuel des Blessés et Malades de la guerre.....	1
Robert (Adrien).......	Jean qui pleure et Jean qui rit.............	1
Robert......'.......	Géographie naturelle historique.............	3
Robillard............	Considérations sur l'Institution des Ministères..	1
Robin...............	Traité du Microscope......................	1
Roger (Aristide)......	Les Monstres nuisibles....................	1
—	Voyage sous les flots......................	1
Roland (Mme)........	Mémoires...............................	2
Rousseau (J.-B)......	Œuvres	2
Rousseau (J.-J.)......	Chefs-d'œuvre...........................	5
—	Les Confessions..........................	1
—	Emile	1
—	Emile et Sophie, Lettres de la montagne, Contrat social...............................	1
Rousseau (L.)..	Les Habitations Merveilleuses...............	2

NOMS DES AUTEURS	TITRES DES OUVRAGES	Nombre de Volumes
Roux (Amédée)........	Montausier, sa vie et son temps..............	1
Royez..............	Jeanne Royez ou la Bonne mère............ ..	4
Rozan (Ch).........	Petites Ignorances de la Conversation.........	1
Rozières (H. de)......	Manuel pratique de Médecine et de Chirurgie vétérinaires......................	2
Sacy (Lemaistre de)....	La Sainte Bible, traduction de la Vulgate.......	1
Sainte-Beuve.........	Portraits de Femmes.....................	1
Saintine	Seul..............................	1
—	Picciola...........................	1
Saint-Martin (Vivien de)	L'année géographique....................	8
Saint-Simon.........	Mémoires..........................	13
Sand (George).......	L'homme de neige.......	3
—	Consuelo.............	3
—	Mlle de la Quintinie............	1
—	Les Beaux Messieurs de Bois-Doré...........	2
—	Indiana............................ .	2
—	Lélia............................	3
—	Romans champêtres.................	2
—	André............................	1
—	La Comtesse de Rudolstadt.................. .	2
—	Le Secrétaire intime....................	2
—	La Petite Fadette....................	1
—	Histoire de ma vie....................	10
—	Horace............. ·	1
—	Lettres d'un Voyageur.................	1
—	Lucrécia Floriani.................	1
—	La Mare au Diable.................	1
Sauzay..............	La Verrerie.........................	1
Savary..............	Mémoires du Duc de Rovigo..............	6
Say (J.-B.).........	Catéchisme d'Économie politique............	1
Schakespeare........	Chefs-d'œuvre......................	3
Salluste............	Œuvres	3
Schiller	Théâtre.........................	3
Scott (Walter).......	Richard en Palestine..................	1
—	Charles le Téméraire..................	1
—	L'abbé............................	4

NOMS DES AUTEURS	TITRES DES OUVRAGES	Nombre de Volumes
Scott (Walter)	L'Antiquaire..............................	4
—	Chants populaires d'Ecosse....................	1
—	Les Dames du Lac.........................	1
—	Les Eaux de St-Romand...................	4
—	Episode des Guerres de Montrot.............	2
—	La Fiancée de Lammermoor...............	3
—	Guy Mannering............................	4
—	Histoire d'Ecosse..........................	6
—	Ivanhoë.................................	4
—	Le Lai du dernier Ménestrel..................	2
—	Marmion................................	2
—	Le Miroir de tante Marguerite..:...........	1
—	Le Monastère.............................	4
—	Le Nome noir.............................	1
—	Le Pirate................................	4
—	La Prison d'Edimbourg...................	4
—	Quentin Durward..........................	1
—	Waverley.................................	4
Sedaine	Œuvres choisies..........................	1
Sédillot (L.-A.)......	Histoire des Arabes........................	1
Ségur-Dupeyron......	Histoire des Négociations commerciales et mari- times de la France....................	3
Ségur (Comtesse de)...	François le Bossu	1
—	Comédies et Proverbes....................	1
Sergent.............	Manuel du Propriétaire et du Locataire........	1
Sériziat (Dr).........	Etudes sur l'Oasis de Biskra...............	1
Sévigné (Mme de)......	Choix de Lettres, par l'abbé Allemand........	1
Sheridan-Brinsley....	Délia ou les deux Cousines................	2
—	The Rivols ; théâtre anglais...............	1
Simon (Jules).........	Le Devoir...............................	1
—	L'école.................................	1
—	La Liberté civile..........................	1
—	La Liberté politique.......................	1
—	L'Ouvrière..............................	1
Simonin	Les Merveilles du Monde Souterrain..........	1
Smith (A.)...........	Sur la Nature et les Causes de la Richesse des nations	5
Sonrel (L.).........	Le Fond de la Mer........................	1
Sophocle.............	Œuvres	1
Souvestre (Emile).....	Au coin du feu...........................	1

NOMS DES AUTEURS	TITRES DES OUVRAGES	Nombre de Volumes
Souvestre (Emile).....	Causeries historiques et littéraires.............	3
—	Confessions d'un ouvrier....................	1
—	Les derniers Bretons.....................	2
—	Un Philosophe sous les toits................	1
—	Riche et Pauvre.......................	1
—	Trois Femmes.........................	1
—	Les Anges du Foyer.....................	1
—	Dans la prairie.......................	1
—	Les derniers Paysans....................	1
—	Le foyer Breton.......................	2
—	Les Péchés de Jeunesse..................	1
—	Pendant la Moisson....................	1
—	Pierre et Jean........................	1
—	Scènes de la Chouannerie................	1
—	Scènes de la vie intime.................	1
—	Scènes et Récits des Alpes..............	1
—	Les Soirées de Meudon.................	1
—	Le Mémorial de famille.................	1
—	Souvenirs d'un Vieillard...............	1
Staaff........	La Littérature française..............	6
Staal (Mᵐᵉ Delaunay)..	Mémoires, etc......................	1
Staël (Mᵐᵉ de) Hosltein	De l'Allemagne......................	4
Stahl (P-J.).........	Les Bonnes Fortunes parisiennes.........	1
—	Magasin illustré, d'éducation et de récréation...	26
—	Histoire d'un homme enrhumé et autres histoires	1
—	Voyage d'un Etudiant et ses récits.........	1
Stendhal (Beyle).....	Promenades dans Rome.................	2
Sterne..............	Tristan Shandy et voyage sentimental.......	2
Suétone............	Œuvres; vie des XII Césars............	3
Swift...............	Voyages de Gulliver..................	1
Tacite....	Œuvres complètes	1
Tailor (Isaac).......	Dernier Avis d'un Professeur aux élèves sortant d'un collége.......................	1
Taine	Voyage aux Pyrénées.................	1
Tardieu (de Sᵗ Germain)	Pour parvenir; Légende...............	1
Tassy......	Etude sur l'Aménagement des Forêts.......	1

NOMS DES AUTEURS	TITRES DES OUVRAGES	Nombre de Volumes
TEXEIRA (de Vasconcellas).	Les Contemporains Portugais, Espagnols et Brésiliens.............................	1
TERENCE.............	Comédies...............................	1
TERREBASSE (Alfred)....	Histoire de Bayard..................	1
THÉVENEAU..........	Poésies................................	1
THÉVENIN.............	Cours d'Economie industrielle...............	7
—	Entretiens populaires.......................	2
THIÉBAULT (Dieudonné).	Mes Souvenirs de vingt ans de séjour à Berlin..	3
THIERCELIN..........	Journal d'un Baleinier, voyage en Océanie......	2
THIERRY (Amédée).....	Histoire d'Attila et de ses successeurs.........	2
THIERRY (Charles).....	Six semaines en Afrique.......	1
THIERS...............	Histoire de la Révolution française...........	2
—	Histoire du Consulat et de l'Empire...........	20
—	Waterloo................................	1
THOUIN..............	Monographie des Greffes....................	1
TISSANDIER.............	L'eau.................................	1
—	La Houille...............................	1
—	Les Merveilles de la Photographie...........	1
—	Notions préliminaires de Chimie..............	1
TISSOT (Victor)........	Voyage au Pays des Milliards.................	1
—	Voyage aux Pays annexés....................	1
—	Les Prussiens en Allemagne.................	1
TITE-LIVE.............	Les Memorabiles et narrationes selectæ........	1
TOPFFER (R.).........	Réflexions et Menus-Propos d'un peintre français	1
—	Rosa et Gertrude........................	1
—	Premiers Voyages en Zigzag.................	1
—	Nouveaux Voyages en Zigzag................	1
—	Nouvelles génevoises.......................	1
TOURGUENEF (Jean)....	Mémoires d'un Seigneur russe...............	2
TOUSSENEL...........	Ornithologie Passionnelle...................	3
—	L'Esprit des Bêtes.........................	1
—	Les Juifs rois de l'époque..................	1
TRÉ (Mme la baronne de)	Espagne et France.......................	1
TRÉMEAU (J.).....	Egypte et Éthiopie.......................	1
—	Origine et Transformation de l'Homme et autres êtres.................................	1
TURGAN ....,..........	Les grandes Usines.......................	5
TYNDALL (John).......	Dans les montagnes.......................	1

NOMS DES AUTEURS	TITRES DES OUVRAGES	Nombre de Volumes
VALENTIN.............	Les Artisans célèbres................	1
VALREY (Max.)........	Les filles sans dot................	1
VAMBERY (Armini).....	Voyage d'un Faux Derviche dans l'Asie centrale	1
VAN BÉNÉDEN........	Les Commensaux et les Parasites dans le règne animal................	1
VATOUT (V.)..........	Souvenirs historiques des Résidences royales de France................	8
VAPEREAU	Dictionnaire universel des Contemporains......	1
VAULABELLE........	Histoire des deux Restaurations............	8
VERGNAUD	Manuel de Perspective................	1
VERNE (Jules)........	Cinq Semaines en ballon................	1
—	De la Terre à la Lune................	1
—	Le Dr Ox, ou le tour du monde en 80 jours.....	1
VIGNY (Alfred de)......	Servitude et Grandeur militaire.............	1
VILAIN (Henri)........	Histoire d'un Grain de sel................	1
VILLE	Voyage d'exploration dans les bassins du Hodna et du Sahara................	1
— —	Exploration géologique du Bein Zab...........	1
—	Notice minéralogique sur les provinces d'Alger et d'Oran................	1
VILLOT	Mœurs, coutumes et institutions des indigènes de l'Algérie................	1
VINCENT (Dr) et COLLARDOT	Le Choléra, d'après les épidémies de 1835-1865 à Alger................	1
VIRGILE	Œuvres......................•	1
VOLTAIRE	Essai sur les Mœurs et l'Esprit des Nations.....	2
—	Romans................	1
—	Histoire de Charles XII................	2
—	Histoire de l'Empire de Russie sous Pierre le Grand................	2
—	Correspondance................	3
—	Correspondance avec l'impératrice de Russie...	1
—	Dialogues et Entretiens philosophiques......	1
—	Essai sur les mœurs................	3
—	Siècles de Louis XIV et de Louis XV..........	5
—	Théâtre................	5

NOMS DES AUTEURS	TITRES DES OUVRAGES	Nombre de Volumes
WAGNER (Hermann)....	Voyage de Découvertes dans la maison et aux alentours..............................	4
WAILLY (Alfred de).....	Dictionnaire français-latin....................	1
WALLON..............	Vie de Notre-Seigneur Jésus–Christ..........	1
WARCÉ (B.)..........	Curiosités judiciaires.......................	1
WARNIER (Dr)........	L'Algérie devant le Sénat...................	1
WERDET..............	Histoire du Livre en France.................	4
WEY (Francis)...	La Haute-Savoie...........................	1
WURTZ..............	Histoire des Doctrines chimiques.............	1
XÉNOPHON	Œuvres complètes; Cyropédie	3
YSABEAU	Le jardinier de tout le monde................	1
ZACCONE	Le Commerce du Sud......................	1
ZAY.................	Dictionnaire de poche, français–allemand et allemand-français......................	1
ZELLER (Jules)........	Abrégé de l'Histoire d'Italie	1
—	Histoire d'Allemagne......................	2
ZURCHER.............	Les Phénomènes de l'Atmosphère.............	1
ANONYMES............	Anecdotes du temps de la Terreur............	1
—	Annuaire de la Société Archéologique de Constantine de 1854-1866...................	6
—	Le Coup d'Etat du 2 décembre 1851..........	1
—	Curiosités philologiques, géographiques et étymologiques................................	1
—	Entretien d'un Père avec ses enfants sur la Création du Monde...................	1
—	Etrennes de la Jeunesse dédiées aux deux sexes	1
—	Galeries historiques du palais de Versailles....	10
—	Les Gueux des bois ou les Patriotes Belges en 1566	2
—	Histoire complète du Procès de Louvel, assassin du duc de Berry......................	2
—	Histoire des Prisonniers célèbres.............	5
—	Histoire populaire contemporaine de la France..	4
—	Histoire populaire de la France en 4 vol. (manquent vol 1 et 4.).....................	»
—	Histoire de la Révolution d'Espagne en 1820....	1
—	Joseph II, empereur d'Allemagne, peint par lui-même.....................................	2

NOMS DES AUTEURS	TITRES DES OUVRAGES	Nombre de Volumes
Anonymes	Madame la duchesse d'Orléans (Hélène de Mecklembourg)	1
—	La marquise du Gange	2
—	Mémoires sur les Défrichements	1
—	Mon premier Voyage en mer	1
—	Monsieur le Préfet	4
—	Les Naufragés au Spitsberg	1
—	La Tour d'Auvergne, ou le Panthéon des Braves	2
—	Vie de Voltaire	1
—	Voyage d'un Officier français prisonnier en Russie sur les frontières de cet empire, du côté de l'Asie	1

www.ingramcontent.com/pod-product-compliance
Lightning Source LLC
Chambersburg PA
CBHW060744280326
41934CB00010B/2350